AF311992

DES LOIS ET CONDITIONS

PHYSIQUES PRIMORDIALES

QUI PRÉSIDENT A L'OPÉRATION

DE LA

LITHOTRIPSIE SCIENTIFIQUE

PAR

LE BARON HEURTELOUP,

Docteur en médecine de la Faculté de Paris, chevalier de la Légion-d'Honneur,
des ordres de Saint-Wladimir et de Saint-Stanislas (2e classe) de Russie ;
Trois fois Lauréat de l'Académie des Sciences pour l'invention de la LITHOTRIPSIE
et de plusieurs instruments propres à broyer les pierres dans la vessie humaine.

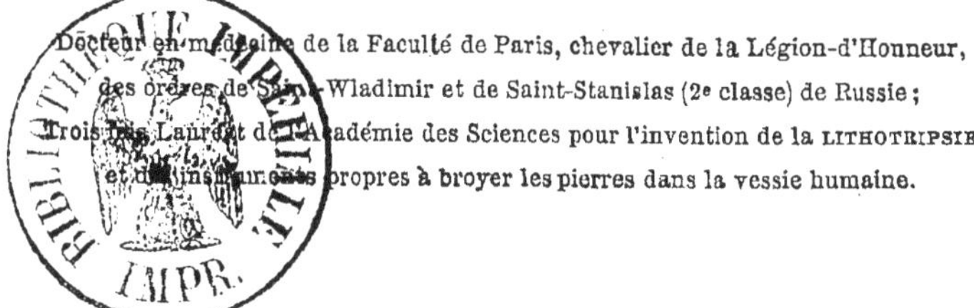

PARIS,

CHEZ LABÉ, LIBRAIRE DE LA FACULTÉ DE MÉDECINE,

PLACE DE L'ÉCOLE DE MÉDECINE.

—

1858.

DES LOIS ET CONDITIONS

PHYSIQUES PRIMORDIALES

QUI PRÉSIDENT A L'OPÉRATION

DE LA

LITHOTRIPSIE SCIENTIFIQUE

Les sciences nouvelles ne se formulent dans leurs détails et dans leur ensemble qu'après avoir existé pendant quelque temps à l'état d'empirisme ; mais il vient un moment où cependant il faut qu'elles aient des règles, pour qu'elles prennent rang parmi les majestueux groupes d'idées qui, rassemblées, forment et constituent les doctrines.

Le mémoire qui va suivre est un essai pour arriver à ce résultat. Chacun des paragraphes qu'il renferme est l'expression d'une loi physique. L'application de cette loi conduit directement au but que se propose le chirurgien qui veut guérir un calculeux. Négliger cette application, est enlever des chances au malade. Voilà ce que nous prétendons établir.

Nous pensons que, logiquement, il faut prouver le néant de chacune de nos propositions, avant de prétendre ébranler notre édifice.

Procéder autrement, ce ne serait pas être scientifique.

MÉMOIRE

Lu devant l'Académie des Sciences, le 28 Décembre 1857.

Et présenté à MM. les Membres de la Presse scientifique.

La Lithotripsie ($\tau\rho\iota\psi\iota\varsigma$, trituration) est l'art de triturer et de réduire en poudre, par des moyens mécaniques, les pierres vésicales dans la vessie humaine, dans le *moins de temps* possible, avec le *moins de mouvements* possible ; avec le *moins de danger* possible, et avec le *moins de douleur* possible pour le malade.

Cette action mécanique, exécutée dans ces conditions de *perfection*, est basée sur plusieurs lois et conditions physiques.

1° — La lithotripsie, ou la trituration d'une pierre vésicale dans l'organe qui contient ce corps étranger, est un acte complétement analogue à la trituration de toute autre pierre faite en dehors de cet organe, et le moyen mécanique le plus généralement employé, le plus simple, le plus usuel, le plus facile, le plus prompt, le plus effectif pour arriver à ce dernier résultat est la percussion opérée au moyen d'un marteau.

2° — La percussion opérée au moyen d'un marteau se réduit à mettre le corps à pulvériser entre deux plans, l'un mobile, soit un marteau, l'autre immobile, soit une table, et à rapprocher avec force et vivacité le plan mobile, le marteau, du plan immobile.

3° — Si, dans un étau fixe et immobile, on place une tige d'acier, et si on rend fixe et inébranlable cette tige d'acier, on peut frapper avec un marteau sur une extrémité de cette tige d'acier sans qu'un organe très-sensible, l'œil, par exemple, placé tout près de l'autre extrémité de cette tige d'acier, éprouve la moindre sensation pendant que la percussion est opérée.

4° — Si on courbe cette tige d'acier de manière à former un angle obtus à son extrémité, on détermine un plan qui, solidaire avec la tige d'acier, devient immobile comme elle.

5° — Si on fait *glisser*, dans une rainure pratiquée sur cette tige d'acier, une autre tige terminée elle-même par une courbure abrupte, on détermine un plan mobile qui, par la percussion, peut être rapproché avec force du plan immobile.

6° — Si, entre deux plans ainsi disposés, on place un calcul vésical, l'action démolissante et pulvérisante du marteau est transmise à ce calcul par la branche et le plan mobile, et cette action se passe d'une manière invariable sur le plan immobile.

7° — Si ces deux plans, se rapprochant l'un de l'autre pour démolir la pierre, sont placés au milieu de l'eau dont la vessie est emplie, aucun mouvement n'est ressenti par l'organe.

8° — Une pierre démolie par la percussion exécutée suivant l'art, c'est-à-dire de manière à être *ébranlée profondément dans ses couches*, tombe en fragments qui ne sont pas projetés, et presque perpendiculairement. Ces fragments primitifs ainsi obtenus produisent beaucoup de fragments *consécutifs*.

9° — La *percussion* est l'agent de pulvérisation qui demande le moins de force dans l'instrument ; car, par la *pression*, la pierre ne se brise et ne se pulvérise que lorsque l'instrument est *saturé* d'efforts ; par la percussion, au contraire, la pierre se brise et se pulvérise à chaque coup de marteau, et entre chaque coup l'instrument *se repose ;* il n'est plus en état de tension entre chaque coup.

10° — Plus les *plans* présentés par l'instrument sont *larges*, plus l'action sur la pierre est considérable pour effectuer la *préhension*, le *démolissement* et la *pulvérisation*.

———

11° — Plus les *plans* présentés par l'instrument sont *longs*, plus l'action sur la pierre est considérable pour effectuer la *préhension*, le *démolissement* et la *pulvérisation*.

———

12° — Plus les *plans* présentés par l'instrument sont armés d'aspérités, plus facilement l'instrument saisit et retient les pierres.

———

13° — Plus les *plans* présentés par l'instrument sont armés d'aspérités *contrariées*, plus ces aspérités ont de saillie, et conséquemment plus elles sont effectives.

———

14° — Plus les *plans* présentés par l'instrument ont des saillies *contrariées*, plus ces instruments s'*engouent* des fragments et des détritus de pierre.

———

15° — Il n'est qu'un moyen de *désengouer* les instruments à larges plans, c'est la *percussion fixe*.

———

16° — Tout instrument *engoué* perd une grande partie de son action pour la *préhension*, le *démolissement* et la *pulvérisation*.

———

17° — Tout instrument *engoué* ne peut plus se *fermer*, devient plus *volumineux*, et ne peut plus sortir qu'en *distendant* ou qu'en *déchirant* le canal.

———

18° — On peut déprimer la partie inférieure d'une vessie humaine pleine d'eau, de manière à faire de cette partie inférieure
un endroit *déclive*.

19° — Si une pierre se trouve dans la vessie, dont on déprime
ainsi le bas fond, cette pierre roule sur les plans inclinés qui
sont formés par suite de cette dépression, et va tomber au fond
de l'infundibulum résultant de cette dépression.

20° — Si l'instrument qui déprime ainsi le bas fond d'une vessie
humaine présente une courbure analogue à ma sonde *recto-cur-*
viligne (corps droit terminé abruptement, pour l'adulte, par
une courbe du quart d'une circonférence de 1 pouce 1/2 de
rayon); et si la partie convexe de cette courbure déprime le
bas fond de la vessie, le corps étranger tombe sur la partie con-
cave.

21° — Si la branche mobile de l'instrument a été écartée de la
branche immobile, pendant que cette branche immobile déprime
le bas fond, le simple rapprochement de la branche mobile suffit
pour saisir la pierre.

22° — Si la simple dépression du bas fond par la branche immobile, et le simple rapprochement de la branche mobile suffisent
pour saisir la pierre, l'action de prendre la pierre est donc ins-
tantanée, n'exige aucune recherche, et ne peut être douloureuse
puisqu'elle consiste *à attendre*.

23° — Si une pierre vésicale est ovale, comme elles le sont
presque toutes, son long diamètre, pendant la dépression faite
par la branche immobile, devient parallèle aux deux plans latéraux inclinés formés par la vessie, et la pierre vient se coucher
en long et parallèlement à la branche immobile.

24° — Si la pierre est ainsi saisie parallèlement à la branche immobile, l'action de la branche mobile se passe sur le plus long diamètre de la pierre, et conséquemment cette action est aussi complète que possible, surtout si la pierre a été prise de *bout en bout* (1).

25° — Si la pierre est sphérique, elle roule plus facilement au point déclive ; elle est saisie plus promptement, et l'action de la branche mobile est plus directe, plus perpendiculaire, plus concentrée sur un point et demande une percussion plus ménagée et plus lente.

26° — Lorsqu'une pierre est prise dans l'instrument, l'instrument doit la garder par le fait de son mécanisme, sans que le chirurgien s'occupe de le faire. L'instrument et la pierre doivent ne faire qu'un pour bien séparer l'action et la manœuvre de prendre, de l'action et de la manœuvre de broyer.

27° — Si lorsqu'une pierre est dans une vessie, on relève le bassin du malade, la pierre roule en proportion de sa sphéricité, vers la partie la plus reculée de la poche urinaire.

28° — Si, au lieu de rester dans une position fixe, le malade a son bassin alternativement élevé et alternativement ramené à l'horizontale, la pierre éprouve des mouvements dont l'opérateur doit savoir profiter.

(1) On comprendra ce que ces mots signifient lorsqu'on aura parcouru le mémoire qui a été lu en partie devant l'Académie de médecine et qui est intitulé : MÉMOIRE *pour servir d'introduction aux principes de l'art de broyer les pierres dans la vessie humaine, et démontrant le danger d'employer pour pratiquer la lithotripsie les instruments de pacotille du commerce, et la nécessité de poser les règles relatives à cette opération.* Ce mémoire s'imprime maintenant en entier dans la *Revue de thérapeutique médico-chirurgicale* de M. le docteur Martin Lauzer et sera incessamment publié séparément. (Voir les nᵒˢ de la *Revue* à commencer du 1ᵉʳ janvier 1858.)

29º — Les pierres volumineuses, et surtout affectant leurs formes les plus communes (ovalaires aplaties), demandent, pour être saisies convenablement, le secours de l'élévation alternative du bassin, car, plus la difficulté est grande, moins on doit se priver du secours des lois naturelles de la statique.

30º — Une pierre volumineuse, avant d'être chargée, doit être étudiée, placée, disposée avant l'introduction de l'instrument. Les espaces, les inclinaisons de la vessie doivent être connus de l'opérateur, qui ne doit jamais agir sur ces sortes de pierre, sinon sur leur centre, et de manière à faire du premier coup de nombreux morceaux. Une grosse pierre écornée ou coupée en deux est un accident qu'il faut éviter, car il est quelquefois mortel.

31º — Dans le cas de fragments, il faut toujours s'attacher à réduire en poudre ceux qui en raison de leur volume pourraient s'introduire dans le col, sans franchir l'urètre. Il faut se débarrasser des petits avant de réduire les gros (1).

32º — Si l'opération peut être faite assez complétement pour que le malade puisse rendre toute sa poudre, il faut prendre et pulvériser tout ce qui se présente, les gros fragments comme les petits.

33º — Si une pierre peut être *extraite immédiatement*, il faut le faire, car 1º le malade est tout de suite complétement guéri ; et 2º il ne risque pas qu'un fragment s'égare dans des anfractuosités accidentelles de son organe, ce qui produit souvent une nouvelle pierre, et beaucoup d'autres accidents.

---

(1) Tout cela demande des règles qui prendront leur place dans les développements de chacune de ces lois ou conditions.

34° — Il vaut mieux prolonger l'opération pour extraire la totalité de la pierre, que de laisser des fragments pour une autre séance (1).

35° — Toute opération, faite avec des instruments sans action qui demandent des mouvements et des efforts, dont les effets souvent illusoires donnent lieu à de fausses manœuvres, toute opération qui doit être renouvelée souvent, et qui laisse dans l'intervalle des fragments trop agressifs, est une opération qui amène fréquemment la mort du malade, et presque toujours lui donne une source nouvelle de pierre, car la vessie enflammée chroniquement devient un générateur de triples phosphates, comme une gencive enflammée devient un générateur du tartre qui se dépose sur les dents.

36° — Toutes les fois que les muscles du squelette se contractent volontairement ou involontairement, les muscles qui concourent à la formation des organes intérieurs ou les muscles annexes de ces organes entrent en contraction.

37° — De cette contraction solidaire il suit que, particuliérement pour la *lithotripsie*, il faut mettre le malade dans la condition la plus favorable pour que les muscles du squelette ne soient pas dans une fausse position et soient, pendant l'opération, dans le relâchement le plus complet.

38° — Toutes les fois que pour l'introduction des instruments, pour l'appréciation de la forme du canal, de la vessie, des corps qu'elle contient, pour mettre en rapport l'étau et l'instrument, le chirurgien ne se place pas de manière à avoir sous

(1) Ceux qui emploient les instruments du commerce qui sont si lents d'action posent le principe qu'il faut faire *peu à la fois* et y *revenir souvent*. Cela prolonge la nécessité du renouvellement d'opération et tue les malades qui meurent sous les manœuvres de l'opérateur et l'agression des fragments. Voir mon livre sur la lithotripsie sans fragments, **1846**.

les yeux la ligne médiane du corps de son malade, il diminue d'autant la justesse de ses mouvements, sa faculté d'appréciation et son pouvoir de placer convenablement le corps à détruire avant de procéder à l'introduction de l'instrument.

39° — Toutes les fois que pour l'usage du marteau, pour empêcher la vibration de l'instrument, pour l'ôter de la vessié, pour l'enlever d'entre les joues de l'étau (point fixe) pour desserrer la vis de l'étau, pour régulariser la position du malade, le chirurgien ne se place pas à la droite du malade, tous ces éléments de succès lui deviennent impossibles.

40° — Toute action complexe exécutée par plusieurs personnes (têtes et mains) est mal exécutée ; la lithotripsie, pour être bien faite, doit être exécutée par une seule personne, le chirurgien seulement.

41° — Toute action complexe, exécutée par un chirurgien, exige que ce chirurgien jouisse de toute la liberté de ses mouvements, qu'il soit dans une position droite, ou presque droite, qu'il ne soit pas obligé de s'allonger, de se courber, que l'action qu'il exécute puisse se suspendre, se ralentir, qu'il puisse la faire avec légèreté, prestesse, et qu'il puisse tourner autour de son malade.

42° — Il faut que l'étau ou *point fixe* destiné à saisir l'instrument chargé de la pierre et à maintenir cet instrument immobile pendant qu'on opère la percussion, puisse *venir chercher* l'instrument et le saisir à son *armure*.

43° — Il faut que l'étau ou *point fixe* qui est venu saisir l'instrument, puisse être soutenu fixe et immobile à la hauteur et à la position *naturelle* où se trouve cet instrument étant chargé de la pierre.

44° — Il faut que l'étau ou *point fixe*, qui est ainsi maintenu immobile à *la hauteur* où il se trouve, soit rendu *inébranlable d'avant en arrière* pour soutenir l'effort de la percussion.

———————

45° — Il faut que l'étau ou *point fixe*, qui est ainsi maintenu immobile pendant que la percussion est opérée, reste toujours à la même place pendant tout le temps de l'opération pour être *prêt* à recevoir et à maintenir de nouveau l'instrument qui doit être soumis à une nouvelle percussion.

———————

46° — L'étau ou *point fixe* restant toujours en position de recevoir l'instrument, reste conséquemment à une hauteur et dans une position qui gênerait pour une introduction nouvelle de l'instrument ; il faut donc que le malade puisse changer de position, pour que l'urètre ne soit plus masqué par le *point fixe.*

———————

47° — Pour que la percussion ne soit pas sentie par le malade, l'instrument doit être maintenu fixe dans une situation bien directe ; il faut donc que par un mécanisme prompt, doux, insensible, cette direction *précise et mathématique* soit obtenue.

———————

48° — Le bassin du malade doit, dans une opération faite selon la science, être alternativement élevé ou ramené à l'horizontale. Or, le malade ne voulant jamais se porter sur le *point fixe*, et ne pouvant faire de mouvements latéraux, maintenu qu'il est par l'instrument fixe, doit avoir ses mouvements *bornés* seulement vers l'arrière vers lequel il se porte naturellement, et vers lequel aussi l'élévation du bassin le porte par un mouvement de totalité dû à sa pesanteur. Il ne doit jamais être attaché.

———————

49° — Les malades chez lesquels on vient d'opérer le broiement de la pierre, ne pouvant bien souvent rendre leurs fragments, et les rendant souvent aussi avec difficulté, il faut que ces fragments puissent être extraits de la même manière que l'on extrait les petites pierres, qui, en définitive, peuvent être comparées aux fragments d'une plus grosse (1).

50° — Cette extraction ne peut se faire sans danger qu'au moyen d'un instrument muni de *deux cuillers opposées* entre lesquelles la petite pierre ou les fragments de pierre peuvent être saisis, écrasés de manière à ce qu'une notable partie en soit ramenée au dehors entre les deux cuillers à chaque fois que l'action de ces deux cuillers se renouvelle.

51° — Une distension de la vessie par l'eau faite dans un *certain degré*, étant une condition importante dans la lithotripsie bien exécutée, il faut que l'on puisse injecter de l'eau dans une quantité convenable, et que conséquemment l'instrument à travers lequel l'injection se fait ait les propriétés nécessaires pour apprécier les degrés de distension, et les diverses formes que chaque degré de distension imprime à l'organe. Il faut aussi que le corps de l'instrument qui opère la destruction de la pierre empêche l'eau de s'échapper, pendant que cette action s'exécute.

52° — L'instrument qui fait apprécier les degrés de distension et la forme que cette distension imprime à l'organe occupant une main, il faut que l'instrument qui opère l'injection (la seringue) puisse être manœuvré d'une main.

Telles sont les lois et conditions primordiales et physiques qui

(1) Jamais une pierre petite ne doit être brisée dans la vessie et laissée en fragments dans l'organe. Ces fragments doivent être extraits immédiatement ; c'est ce que j'appelle *lithotripsie* par *extraction immédiate*. (Voir mon livre sur la Lithotripsie sans fragments, 1846. Chez Labbé, place de l'Ecole de Médecine.) Ce travail capital en *lithotripsie* attend son rapport depuis douze années!!!... et d'autres depuis!!!... Continuez, Messieurs.

président à l'opération de la *lithotripsie scientifique*. Je crois
que plus on s'éloigne de ces lois ou conditions, plus on perd de
pouvoir, de douceur et de promptitude et moins on donne de
chances de guérison au malade.

Chacune de ces lois ou conditions a ses sous-lois ou développements.

———

Ce Mémoire a été inséré dans les Comptes-rendus des
séances de l'Académie des sciences du 28 décembre 1857,
page 1091, comme analyse, mais non sous la forme sé-
vère de propositions. Nous adoptons cette forme de propositions dans la publication que nous en faisons nous-même,
d'abord parce que nous l'avons lu ainsi, et ensuite parce
cette forme sépare nettement les points scientifiques à étu-
dier et mène droit au but de poser, pour l'avenir, les règles
d'une *lithotripsie scientifique* parfaite.

Après avoir lu avec attention les différentes propositions qui précèdent, il restera évident que chacune d'elles présente un sens net, déterminé et d'une vérité physique irréfutable. Si cela est admis, on ne peut se refuser à condamner, sous le point de vue de la *perfection*, toute opération de *lithotripsie* dans laquelle une des lois ou conditions que je viens de poser sera négligée ou mise de côté ; à plus forte raison l'opération péchera-t-elle lorsqu'elle sera exécutée en les négligeant toutes ou presque toutes. Or, c'est ce que l'on fait généralement. Aussi, les malades opérés perdent-ils une énorme proportion de leurs chances lorsqu'il s'agit d'une opération de médiocre difficulté ; lorsqu'ils guérissent dans ces cas, c'est avec longueur de temps et après avoir couru des dangers qui sont en proportion de la difficulté de l'opération et de l'insuffisance des moyens. (Voir les propositions 34 et 35).

Lorsque la pierre est petite, la vessie dilatable et tranquille, le canal suffisamment large, les choses se passent généralement assez bien ; mais si l'on considère que, dans ces cas, la *lithotripsie scientifique* doit guérir immédiatement le malade par *l'extraction immédiate* de sa pierre au moyen de mon *perculeur à deux cuillers* opposées (lire les propositions 33, 49 et 50). et que cette extraction immédiate ne peut se faire sans danger sans employer un étau ou *point fixe* (1), on conclura que, dans les cas les plus simples, c'est ne pas répondre à la confiance des malades lors-

_____

(1) Les instruments à cuillers ne se ferment pas sans la *percussion fixe*.

qu'on ne suit pas les rigoureuses indications que donne la simple raison.

Ainsi donc il faut remplir toutes les conditions énumérées, car si on ne les remplit pas, on *parodie* la *lithotripsie scientifique* et on ne la fait pas; on *râcle* du violon et on n'en *joue* pas; on *casse* des pierres, mais on *n'opère* pas.

Il m'a fallu arriver moi-même à ne pas parodier cette importante opération en combinant les moyens de la porter à sa perfection. A ce sujet, on reproche à mes appareils d'être trop lourds et trop gênants pour le transport. A cela, j'ai à répondre que je n'ai pas inventé la *lithotripsie* pour satisfaire au désir qu'ont les chirurgiens de prendre peu de trouble et de faire peu de dépenses, mais que j'ai inventé cette opération pour guérir les malades le plus vite possible et avec le moins de danger possible, et que je ne me préoccupe pas, pour arriver à ce but, de quelques soins et de quelques dépenses de plus.

On parle des instruments de *poche*, on veut que je me serve des instruments de *poche*; à cela, je réponds encore que j'ai nécessairement à ma disposition des instruments de *poche* comme tout le monde, puisque j'ai eu le bonheur de les inventer (1), et que si je ne m'en sers *que peu*, c'est parce que ma conscience me le défend, puisque je puis disposer de moyens infiniment supérieurs. Les malades, d'ailleurs, aiment mieux voir la santé entrer

---

(1) Non-seulement je possède *mes* instruments de poche, que l'on a imité de toutes manières, mais encore tous ceux qui ont été fabriqués sous le nom des chirurgiens qui se sont occupés de *lithotripsie*. Je possède même le *ressort percutant* d'Ashton Key, que l'on appelle communément *tic-tac*, et avec lequel on prétend remplacer le *marteau* et le *point fixe* ou étau. J'ai fait avec ce *tic-tac*, auquel j'ai dû ajouter quelques perfectionnemens pour le faire aller, des expériences comparatives qui feront l'objet d'un mémoire. Il suffit de dire maintenant que ce *tic-tac* ne ferme pas les instruments à larges cuillers, et ne rapproche pas les branches des percuteurs à larges surfaces armées d'aspérités, comme le veulent les propositions 10, 11, 12 et 13. Ces défauts sont suffisants pour terrifier le chirurgien le plus *oseur*, soit par défaut de jugement, soit par imprudence. On ne sait jamais si on pourra ou non fermer son instrument, si bien que le cœur vous bat, même lorsqu'on opère sur une table. Qu'éprouverait-on si l'on agissait dans une vessie? Et puis ce *tic-tac* n'a la prétention que de remplacer la *percussion;* mais n'y a-t-il donc que la *percussion* à faire dans la *lithotripsie scientifique?*

chez eux même en *charrette*, comme on parait disposé à se l'imaginer, que le deuil sous forme de *procédés légers* et d'*instruments portatifs* (1). Il faut aussi craindre d'ériger en principe que des chances heureuses pour les malades puissent être sacrifiées à la commodité et à l'économie des chirurgiens. En bonne philosophie, une telle manière de voir ne saurait être admise, car elle ne montre ni bon sens ni sens moral.

On me dit aussi que mes procédés sont d'une difficile application, à cela je réponds que tout doit s'apprendre.

Je finis cette note additionnelle en faisant l'humble remarque que M. le baron Heurteloup est l'inventeur de *l'instrument courbe percuteur ;* qu'il est également l'inventeur de *l'instrument courbe à pression ;* qu'il est également l'inventeur de *l'instrument courbe à cuillers ;* qu'il est également l'inventeur d'un

----

(1) On ne remarque pas que le chirurgien a la peine de *porter* ses instruments *portatifs*, et que lorsque l'homme que j'envoie chez le malade porter et arranger ma chaise ou mon petit lit à opération, il porte en même temps mes intruments, et qu'alors je n'ai pas besoin de *porter* des instruments *portatifs*. A ce compte-là, comme on le voit, ce sont les appareils *légers* qui donnent le plus d'embarras au chirurgien. Si l'on remarque que la *lithotripsie scientifique* débarrasse communément le malade en une ou deux séances, lorsque la *lithotripsie de poche* en demande dix ou douze, quand toutefois le malade ne succombe pas au milieu de l'opération, on concevra que je n'ai à faire transporter que très-rarement mon *système*, ce qui s'opère sans la moindre *charette*, et je préfère beaucoup n'être pas un chirurgien *grignoteur* de pierre à *procédés légers*, car je devrais continuellement et naturellement avoir mes instruments de *poche*... dans ma poche... et cela est fatigant.

Du reste la *lithotripsie* dans les cas simples est, par les procédés que j'emploie, arrivée à un tel degré d'innocuité, que les malades viennent sans le moindre inconvénient se faire opérer chez moi, et même je trouve un grand avantage à ce qu'il en soit ainsi, car cette apparence de sécurité laisse l'opéré dans une tranquillité d'esprit parfaite. Il ne se préoccupe que peu d'une maladie que l'on traite si *sans façons*, et ne s'abandonne pas aux terreurs qu'inspirent des soins méticuleux, des précautions quelquefois ridicules et des empressements trop souvent répétés des lents et dangereux opérateurs... à procédés *légers*.

Je recommande à ce sujet la lecture d'une note placée à la page 44 de mon livre sur la GUÉRISON IMMÉDIATE *du rétrécissement de l'urètre*. 1855, chez Labé, éditeur, place de l'Ecole-de-Médecine.

mode opératoire qu'il a appelé *lithotripsie* et non *lithotritie* (1), et qu'il est de mauvais goût, si ce n'est pis, de taire ou de falsifier tous ces noms-là.

(1). — La *lithotritie* est une manière défectueuse et dangereuse de pratiquer la *lithotripsie* ; c'est le premier moyen qui ait été employé pour broyer la pierre dans la vessie. Il consistait à la détruire en lui fesant des trous avec un foret, de là le mot *lithotritie* (τερεω je perce). La *lithotritie* est un des procédés de la *lithotripsie* (τριψις trituration). *Lithotripsie* est le nom de la *méthode*, *Lithotritie* est le nom d'un des *procédés* de la *méthode*, et quelque soit le moyen employé pour pulvériser une pierre, on fait de la *lithotripsie*, et non pas de la *lithotritie*, car lorsque, par exemple, on brise une pierre avec un marteau, on ne la *perce* pas. Ce mot de *lithotritie* est devenu suranné, et n'est plus à l'usage que des spéculateurs ou des personnes qui en ignorent la signification.

On pourrait s'étonner que ce mot soit resté, mais on s'étonnera bien moins lorsqu'on saura la raison de cette anomalie: beaucoup de chirurgiens adoptèrent d'abord le mot *lithotripsie*, que j'avais donné à la science nouvelle, et même quelques-uns d'entre eux avaient intitulé de ce mot certains écrits de la grande presse, mais il en résulta pour eux un inconvénient qu'ils trouvèrent fort grave. Le broiement de la pierre était connu du public sous le nom de *lithotritie*, et voyant que le mot *lithotripsie* n'était pas compris là où ils voulaient qu'il le fût, ces messieurs reprirent le nom attractif, et la science, suivant le mouvement du commerce, adopta son vocabulaire.

Je recommande aux médecins qui veulent se rendre familier la question de la *lithotripsie scientifique* la lecture du Mémoire indiqué dans la note de page 6 ; ce Mémoire contient beaucoup de développements appuyés de nombreuses figures ; je le crois intéressant.

Paris. — Imprimerie de E. Brière, rue Saint-Honoré, 257.

OUVRAGES DU MÊME AUTEUR :

Lettre à l'Académie des Sciences, ou *Examen critique du livre intitulé* DE LA LITHOTRITIE, et appréciation des faits présentés dans cet ouvrage, avec la traduction du Mémoire de GRUITHUISEN, inventeur de cette opération. 1826.

Principles of lithotrity, *on Treatise of the art extracting the stone without incision;* illustrated with plates of the instruments used in lithotrity. London, 1831. (Encouragement, 1826, 2,000 fr.;—prix, 1828, 5,000 fr.)

Lettre sur l'avantage de préférer la PERCUSSION à la PRESSION pour mettre en usage l'instrument courbe présenté à l'Académie des sciences sous le nom de PERCUTEUR COURBE à MARTEAU, adressée à M. le baron Dupuytren, rapporteur de la Commission nommée pour examiner les ouvrages présentés au concours de l'année 1833. (Prix, 6,000 fr., même année.)

Mémoire sur la lithotripsie par percussion et sur l'instrument appelé PERCUTEUR COURBE A MARTEAU, qui permet de mettre en usage ce nouveau système de pulvérisation des pierres vésicales; le tout appuyé de nombreux exemples de guérisons. 1833.

Trois épisodes pour servir à l'histoire de la lithotripsie ou défense obligée contre trois injustes attaques. 1846.

De la lithotripsie sans fragments, au moyen des deux procédés de l'*extraction immédiate* ou de la *pulvérisation immédiate* des pierres vésicales par les voies naturelles, appuyée d'un grand nombre de faits pratiques (l'extraction immédiate est seulement définie). 1846.

Mémoire sur la pulvérisation immédiate des calculs vésicaux, lu à l'Académie des sciences le 23 février 1848, et inséré *in extenso* dans la *Gazette des Hôpitaux* des 29 avril et 4 mai 1848 (complément du précédent).

De la guérison immédiate des rétrécissements de l'urèthre, *des Blennorrhées invétérées coexistantes et sur les Effets dangereux des Bougies;* — MÉMOIRE accompagné de nombreux exemples de cas curieux réfractaires et invétérés guéris *sur le champ* par le Traitement éclectique immédiat, inédit. 1855.

Mémoire sur la suture profonde, lu devant l'Académie de de médecine. (*Bulletin de Thérapeutique*, 15 janvier 1856; *Moniteur des Hôpitaux*, 5 septembre et 26 octobre 1855.

Rétrécissements de l'urèthre. — L'état de la science dévoilé à l'occasion d'un nouveau procédé féroce, avec un court mémoire pour servir d'antidote. 1855.

Mémoires sur la section mousse, lu devant l'Académie de médecine le 24 juillet 1856 avec cette épigraphe :
> Tout désordre se fait avec ordre, il faut empêcher cet ordre.

Union médicale, 5 juillet 1856.

Mémoire sur l'administration du chloroforme et des anesthésiques par projection, lu à l'Académie des sciences dans la séance du 3 août 1857, avec cette épigraphe :
> On ne saurait légiférer sur l'inconnu.

Moniteur des Hôpitaux, août-1857.

Mémoire à l'Académie impériale de médecine *pour servir d'introduction aux principes de l'art de broyer les pierres dans la vessie humaine*, et démontrant le danger d'employer pour pratiquer la lithotripsie les instruments de pacotille du commerce et la nécessité de poser les règles relatives à cette opération, avec de nombreuses figures. 1858.